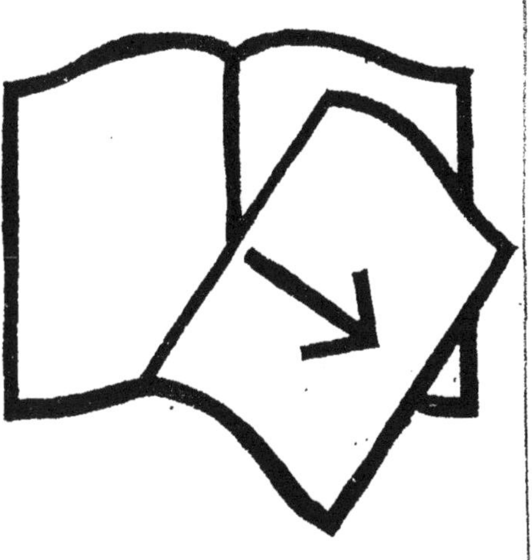

Couverture inférieure manquante

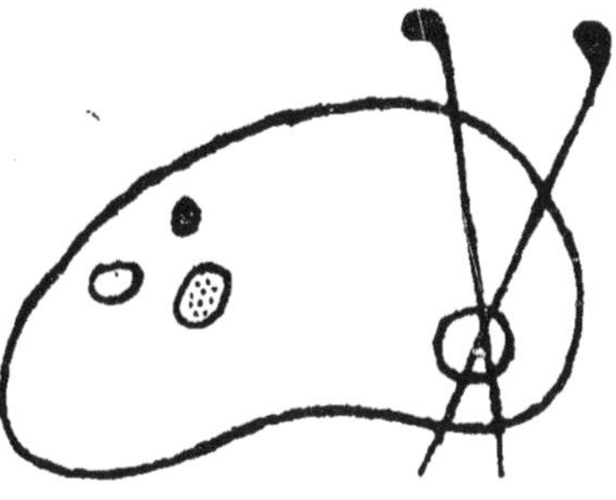

Début d'une série de documents en couleur

PHILIPPE DE CHAMPAIGNE

ET

SES RELATIONS AVEC PORT-ROYAL

PAR

HENRI STEIN

ARCHIVISTE-PALÉOGRAPHE

CORRESPONDANT DU COMITÉ DES SOCIÉTÉS DES BEAUX-ARTS

PARIS

TYPOGRAPHIE DE E. PLON, NOURRIT ET Cⁱᵉ

RUE GARANCIÈRE, 8

1891

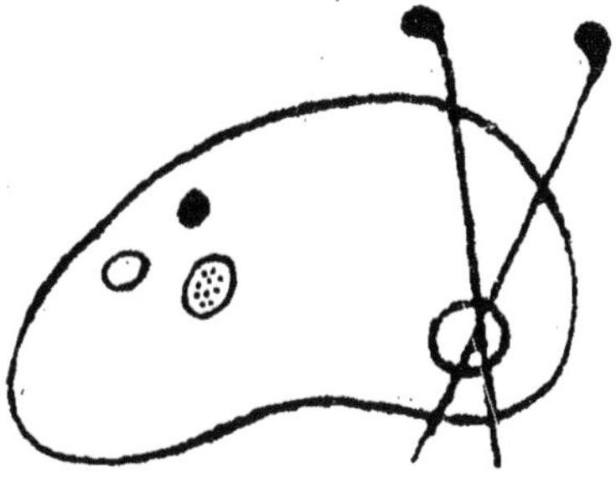

Fin d'une série de documents
en couleur

PHILIPPE DE CHAMPAIGNE

ET

SES RELATIONS AVEC PORT-ROYAL

Ce mémoire a été lu à la réunion des Sociétés des Beaux-Arts des départements, à l'École des Beaux-Arts, dans la séance du 25 mai 1891.

PHILIPPE DE CHAMPAIGNE

ET

SES RELATIONS AVEC PORT-ROYAL

PAR

HENRI STEIN

ARCHIVISTE-PALÉOGRAPHE

CORRESPONDANT DU COMITÉ DES SOCIÉTÉS DES BEAUX-ARTS

PARIS

TYPOGRAPHIE DE E. PLON, NOURRIT ᴇᴛ Cⁱᵉ

RUE GARANCIÈRE, 8

—

1891

PHILIPPE DE CHAMPAIGNE

ET

SES RELATIONS AVEC PORT-ROYAL

Nous pouvons ajouter quelques détails aux renseignements, —
assez sommaires d'ailleurs, — que Sainte-Beuve a recueillis[1] sur
les relations de Philippe de Champaigne avec l'abbaye et les soli-
taires de Port-Royal. L'éminent critique, tout en ayant l'esprit
ouvert aux diverses manifestations de l'Art, et très capable de juger
les œuvres dues au talent particulier de ce peintre, n'a point réuni
dans son ouvrage, pourtant si complet, les éléments d'un travail
d'ensemble sur le grand artiste du dix-septième siècle. Plus
récemment, M. Finot, dans un ouvrage consacré aux souvenirs de
Port-Royal[2], s'est préoccupé exclusivement du côté historique,
qu'il a traité d'ailleurs en parfaite connaissance de la question.

Nous n'avons point la prétention d'apporter ici de bien grandes
révélations, mais seulement de grouper sous ce titre, à propos
d'un document inédit retrouvé aux Archives nationales, ce que
nous avons pu apprendre en lisant les ouvrages de nos devanciers,
et en parcourant les notes prises dans différents Musées au cours
de nos voyages.

*
* *

En 1605, — si l'on veut bien se transporter avec nous aux
environs de Paris, dans l'arrondissement actuel d'Étampes, —
Geneviève Fraillon avait récemment hérité d'un oncle, Antoine

---

[1] *Port-Royal*, 3ᵉ édit. (Paris, 1867-1871, 7 vol. in-8°).
[2] *Port-Royal et Magny* (Paris, 1889, in-8°).

Guyot; dans la succession de cet oncle se trouvaient une maison et quelques héritages situés à Mondeville, à Videlles et lieux circonvoisins. N'ayant probablement pas l'usage facile de ces biens, puisqu'elle habitait Paris, rue du Temple, avec son mari Marceau Jacquet, « juré du Roy en l'office de maçonnerie à Paris [1] », Geneviève Fraillon passa, la même année, un bail de la maison de son oncle à messire Jean Noguet, prêtre, curé de Videlles, pour la somme de huit livres dix sous tournois. Quoique l'argent eût une tout autre valeur alors que de nos jours, il ne semble pas que ce fût, vu le prix, une habitation d'importance.

Marceau Jacquet et sa femme eurent au moins deux enfants, Jean Jacquet, que nos documents qualifient de maître maçon à Paris vers 1640, et Marguerite, qui épousa en premières noces Nicolas Duchesne, peintre du Roi, en secondes noces M⁰ Claude Collin, contrôleur des bois en Champagne. Du premier mariage, naquirent à Marguerite Duchesne, née Jacquet, trois filles, Geneviève, Denise et Catherine Duchesne. Orphelines en 1641 et mineures, ces trois filles eurent pour tuteur le peintre Philippe de Champaigne [2].

Pendant le même temps, le locataire de la maison de Mondeville, le curé de Videlles [3], était mort lui aussi, après avoir vendu cette maison à une famille de laboureurs de Baulne [4] et de Mondeville [5], nommée Marquis. Les héritiers avaient négligé de payer régulièrement le loyer qu'ils devaient à la famille Duchesne. D'où des réclamations d'arrérages, des difficultés de payements [6]; d'où

[1] Il ne serait pas impossible que cet artiste, dont les fonctions ressemblent assez à celles d'un architecte expert, appartînt à la famille d'Antoine Jacquet, qui vécut longtemps à Fontainebleau et se maria devant le curé d'Avon en 1550, et à qui l'on doit la magnifique cheminée du château, démolie en 1725, et dont les superbes débris existent encore au Musée du Louvre. On connaît à Antoine Jacquet un fils, nommé Mathieu, qui vivait encore en 1602.

[2] L'amitié qui unissait Philippe de Champaigne et Nicolas Duchesne s'explique d'autant plus qu'au Luxembourg ce dernier était chargé de la direction des travaux d'art, auxquels participa Champaigne avant de lui succéder dans cet office. Denise Duchesne fut plus tard la belle-mère de Jean-Baptiste de Champaigne.

[3] Canton de la Ferté-Alais (Seine-et-Oise).

[4] *Ibid.*

[5] *Ibid.*

[6] Un acompte cependant fut payé en 1645, comme il appert par la quittance ci-jointe : « Je soubzigné Philipe Champaigne, peintre et valet de chambre du Roy, confesse avoir reçu de Mathieu, Marin, et Pierre Marquis, ayant acquis le droit de M⁰ Jean Mauguet, prestre, curé de Videlles, la somme de cinquante neuf

l'intervention de Philippe de Champaigne, tuteur chargé de prendre la défense des intérêts de ses pupilles; d'où enfin condamnation des débiteurs, en 1654, à restituer une somme de cent dix livres correspondant à treize années de loyer non payé, avec condamnation en outre aux frais du procès [1]. En 1659, les sommes dues n'étaient pas encore remboursées, lorsque Philippe de Champaigne, du consentement sans doute des demoiselles Duchesne qui en avaient pleine et entière jouissance, fit don irrévocable des biens de Videlles et de Mondeville à l'abbesse et aux religieuses de Port-Royal, par un acte passé devant deux notaires au Châtelet de Paris, dont la teneur suit :

« Par devant les notaires garde-notes du Roy au Chastelet de Paris soubzsignéz, fut présent en sa personne noble homme Philippe Champaigne, peintre et vallet de chambre du Roy, demeurant à Paris, rue des Escouffes, paroisse Sainct Gervais, lequel volontairement a reconnu et confessé avoir donné, ceddé, quitté, transporté et délaissé, donne, cedde, quitte, transporte et délaisse par ces présentes dès maintenant à tousjours, par donnation irrévocable faite entre vifs, sans toutefois autre garentie que de ses faits et promesses seulement, aux révérendes mères abbesse et religieuses de l'abbaye de Port-Royal, ordre de Cisteaux, transférée au fauxbourg Saint-Jacques, et acceptant par révérende mère sœur Catherine Agnès de Saint-Paul, abbesse, sœur Angélique de Saint-Jean, sousprieure, sœur Magdelaine de Saincte-Agnès, sousprieure, sœur Jacqueline de Saincte-Euphémie, sousprieure, et sœur Françoise de Saincte-Claire, cellerière, toutes religieuses professes faisant tant pour elles que pour les autres religieuses de ladite abbaye, assemblée au devant de la grille du grand parloir, à ce présentes, pour et au nom de ladite abbaye et leurs successeurs en icelle, huit livres dix sols de rente de bail d'héritage, et tout ce qui en est

livres dix sols pour sept années d'arrérages eschcües au jour Saint-Jean Baptiste 1640, à cause de huit livres dix sols de rente d'héritage à moy deubs par les héritiers de M⁰ Jean Noguet, prebstre, curé de Videlles, lequel avoit constitué ladite rente au profit de Marceau Jacquet et Geneviefve Fraillon, desquels je suis héritier... Fait à Paris le douzième janvier mil six cens quarente cinq. — CHAMPAIGNE. » (Archives nationales, S. 4518.)

[1] Tous les documents ci-dessus visés font partie de la même liasse des Archives nationales, S. 4518.

deub d'arrérages escheus du passé, audit sieur Champaigne appartenant, comme estant aux droits des héritiers Nicolas Duchesne et
Marguerite Jacquet, jadis sa femme, et de Claude Colin et de ladite
Jacquet, sa femme en secondes nopces, qui estoient au lieu des
héritiers et ayans causes de Marceau Jacquet, à la charge de laquelle
rente ledit deffunt Marceau Jacquet auroit baillé et délaissé à
deffunct Me Jean Noguet, vivant prestre, curé de Videlles, les héritages déclaréz au contract dudit bail à rente passé par devant Thi-
bert et Robinot, notaires à Paris, le six juin mil six cent cinq, au
payement et continuation de laquelle rente André Le Chaintré et
sa femme, André Chesnain et sa femme, Claude Rivière, Georges
Audiger et sa femme, Mathieu Ferrand et sa femme, et Thomasse
Rivière, tous héritiers dudit deffunct Me Jean Noguet, ont esté
condamnéz par sentence dudit Chastelet rendue au proffict dudit
sieur Champaigne le unziesme juillet mil six cent quarante-deux,
et aussy il donne ausdites dames, ce acceptant comme dessus, la
somme de trente-cinq livres un sol six deniers qui luy est deue par
lesdits susnomméz héritiers, pour les despens adjugéz par ladite
sentence et taxéz par exécutoire dudit Chastelet du huictiesme
juillet mil six cent quarante-trois, et ce faisant il a baillé et mis ès
mains desdites dames lesdites sentence et exécutoire, et un extraict
du compte-rendu par ledit sieur Champaigne ausdits héritiers
Duchesne, Collin et Jacquet, les mettant et subrogeant du tout en
son lieu, droit, place, noms, raisons, actions et hipotèques pour
de ladite rente, arrérages d'icelle et despens donnéz jouir, faire et
disposer par lesdites dames abbesses et religieuses et leurs successeurs comme de chose à ladite abbaye appartenant; cette présente
donnation ainsy faitte par ledit sieur Champaigne pour l'affection
qu'il a pour ladite abbaye en considération de sœur Catherine de
Saincte Suzanne, sa fille, qui y est religieuse professe, et pour ce
qu'il l'a ainsy voullu, dont lesdites dames l'ont remercié, trans-
portant tous droits de propriété, dessaisissans, voullans, procureurs
les porteurs, donnans pouvoirs, et pour faire insinuer ces présentes,
lesdittes parties ont constitué leur procureur le porteur d'icelui,
luy en donnant pouvoir, promettans, obligeans, renonceans, etc...
Fait et passé au parloir et grille de ladite abbaye, le dix neufiesme
jour de may après midy, l'an mil six cent cinquante neuf, et ont
signé la minutte des présentes avec lesdites notaires soubz signés,

demeurée vers Galloys, l'un d'iceux. — (*Signé*) LECARON et
GALLOYS.

« Et le cinquiesme jour d'aoust audit an mil six cent cinquante
neuf, est comparu par devant lesdits notaires ledit sieur de Champaigne, lequel a déclaré que depuis la donnation qu'il a faite desdites huit livres dix sols de rente au proffit desdites dame abbesse
et religieuses de Port-Royal cy devant escript, il a recouvert un
tiltre nouvel passé d'icelle par Mathieu, Marin, et Pierre Marquis,
ès noms y déclaréz, par devant Noguet, notaire royal à Mondeville,
le premier juillet mil six cent quarante un, et partant il a mis et
subrogé lesdites dames en l'ancien droit, place, actions et ypotec-
ques contre lesdits Marquis pour s'en servir ainsi qu'elles advise-
ront, leur ayant mis ès mains coppie, signée Noguet, dudit tiltre
nouvel; fait et passé à Paris, en l'estude desdits notaires, lesdits
jour et an, et a signé la minutte des présentes estant ensuite de
celle de laditte donnation devant escripte. — (*Signé*) LECARON
et GALLOYS [1]. »

C'est par sa fille Catherine, retirée à Port-Royal, que s'étaient
fortement établies les relations du peintre avec ce couvent, et c'est
vraisemblablement à cause d'elle que la donation dont nous venons
de parler fut faite. Philippe de Champaigne eut toujours une
grande vénération pour cette maison et pour celles du même
Ordre [2]. Il se plaisait dans la vie solitaire, et sa peinture se ressent
parfois, tout en conservant sa vigueur originelle, de l'ascétisme de
ses pensées. Ses tableaux, en grande partie consacrés à des sujets
religieux, ont encore je ne sais quel cachet de religiosité non
feinte qui fait songer à la vie contemplative où il aimait à se
recueillir [3]. L'une de ses plus belles compositions, la *Cène*, qu'il

---

[1] Archives nationales, S. 4518[b], et Y. 196, f° 407 v°.

[2] Notamment Saint-Cyran en Berri, comme il appert d'une lettre écrite de ce
lieu par le Bénédictin dom Joseph Croisier : « M. Champagne, grand ami de cette
maison, y a laissé beaucoup de pièces de sa façon; il y a entre autres une *Résur-
rection*, une *Nativité*, et plusieurs autres pièces d'un goust exquis et délicat. »
(*Bibliothèque nationale*, ms. lat. 12695, f° 341.)

[3] Nous avons eu le plaisir de voir à Orléans, chez notre ami M. H. Herluison,
une curieuse gouache sur vélin, attribuée à Madeleine (?) de Champagne, qui
représente au centre la vue générale de l'abbaye de Port-Royal, et dans six petits
cartouches annexes des représentations des principaux épisodes de la vie qu'y

avait peinte pour l'église de Port-Royal de Paris, est aujourd'hui au Musée du Louvre [1]. Au Louvre [2] aussi se voient les mélancoliques portraits de l'abbesse Catherine Agnès de Saint-Paul, et de sa propre fille, qu'une belle gravure de Tassaert a popularisés [3]. Il s'est peint lui-même [4] et n'a pas oublié son patron, l'apôtre saint Philippe, qu'il offrit à l'Académie royale de peinture [5] en 1649.

On a accusé l'artiste de jansénisme, et sans doute avec raison. Le milieu dans lequel il vécut, les amitiés qu'il avait contractées, ne pouvaient que favoriser ses penchants. C'est assurément à ses relations avec Messieurs de Port-Royal que nous devons la plupart des œuvres de Philippe de Champaigne. Le portrait d'Antoine Le Maistre, avocat en Parlement, que l'on peut voir au Musée de Metz [6], a une origine qui n'est point douteuse. On en pourrait dire autant du portrait du médecin de Port-Royal, Hamon, qui orne aujourd'hui la salle du conseil de la Faculté de médecine de Paris [7] ; — du portrait de Robert Arnauld d'Andilly, qui est au Louvre [8] ; — du portrait de Claude Joly, curé de Saint-Nicolas des Champs à Paris, puis évêque d'Agen [9] ; — du portrait de Jean

menaient les religieuses (prière, promenade, assemblée, etc.). Cette petite œuvre d'art, qui mériterait d'être reproduite, a été offerte aux Jansénistes en 1710, et provient de la succession de M. Crignon-Bonvalet, maire d'Orléans et ancien membre de l'assemblée des notables en 1787.

[1] École flamande, n° 77. Cf. la Notice dans le Catalogue de Fr. Villot (Paris, 1886, in-12), p. 49. — Une répétition du même tableau se trouve au Musée de Lyon, École flamande, n° 179 (Catalogue de 1877).

[2] École flamande, n° 83.

[3] Cf. Musée de Versailles, n° 4269 et 4270.

[4] Musée de Bruxelles, n° 220 ; Musée du Louvre (École flamande), n° 89 ; Musée de Grenoble, n° 92 (Catalogue de 1878).

[5] Musée du Louvre, École flamande, n° 82.

[6] N° 199 (Catalogue de 1876).

[7] *La Galerie de portraits de l'ancienne Faculté de médecine de Paris*, par le docteur A. CHÉREAU (extrait de l'*Union médicale* des 12 et 19 août 1869).

[8] École flamande, n° 88. Il est daté de 1650. Des répétitions du même portrait se trouvent chez M. J.-A. Poulot, à Lyon, et chez Earl Spencer Althorp, en Angleterre. (Cf. *Bryan's Dictionary of Painters and Engravers*, par R. Edm. GRAVES, 2e édit. London, 1886-1889, 2 vol. in-4°.) Il en existe encore un autre, à notre connaissance, dans la sacristie de l'église d'Itteville (Seine-et-Oise), qui y aurait été apporté à l'époque révolutionnaire.

[9] Musée de Troyes, n° 35 (Catalogue de 1882), et paroisse Saint-Nicolas des Champs, à Paris (daté de 1653).

Duvergier de Hauranne, abbé de Saint-Cyran[1] ; — du portrait de l'avocat Jérôme Bignon, ami intime du précédent[2] ; — du portrait de l'architecte Perrault[3], dont la famille était intimement liée à celle d'Arnauld ; — du portrait du premier président Séguier[4], peint en 1671 (Séguier avait des liens de parenté avec la Mère Madeleine de Sainte-Agnès de Ligny, qui fut abbesse de Port-Royal, en 1661) ; — du portrait de Charles Patu, curé de Saint-Martial de Paris, qui se trouve égaré au Musée de Bagnères de Bigorre[5] ; — du tableau donné par l'artiste aux dames jansénistes de Saint-Charles d'Orléans, qui représente saint Charles Borromée à genoux devant un autel[6] ; — du portrait de Jacques Tubeuf, président de la Chambre des comptes, qui fut aussi mêlé aux affaires des jansénistes[7] ; — enfin et surtout du fort beau portrait d'Angélique Arnauld, que possède M. Nolleval et qui a été exposé à Paris, en 1885, pendant quelques semaines[8].

C'est encore une religieuse de Port-Royal, sa propre fille peut-être, que le peintre a fidèlement représentée sur son lit de mort dans une toile de petite dimension que possède le Musée Rath, à Genève[9]. Et je ne sais pourquoi je ne signalerais pas, dans cette même nomenclature, le portrait de la fameuse madame Guyon, qui se trouve chez M. le vicomte de Montlivault, et le portrait du

---

[1] Il l'a peint deux fois au moins ; il y en a un exemplaire au Musée de Grenoble, n° 91 ; l'autre appartient à M. Emm. Duvergier de Hauranne, à Paris, et a été exposé au Trocadéro, à Paris, en 1878. (Cf. H. JOUIN, *Notice historique et analytique des peintures, sculptures, tapisseries, etc., exposés dans les galeries des Portraits nationaux*, n° 246.) — Cf. Musée de Versailles, n° 4195.

[2] Gravé par F. de Poilly en 1664. (Voir à la Chalcographie du Louvre.)

[3] Peint en 1656. Musée du Louvre, École flamande, n° 94. — Cf. Musée de Versailles, n° 3544.

[4] Son morceau de réception à l'Académie de peinture.

[5] N° 26 (Catalogue de 1877).

[6] Musée d'Orléans, n° 65 du Catalogue, édit. de 1876.

[7] Musée de Versailles, n° 4192. — On peut en rapprocher l'*Assomption de la Vierge* de Philippe de Champaigne, que possède le Musée de Cherbourg, et qui provient de l'ancienne chapelle Tubeuf en l'église des Chartreux de Paris.

[8] Exposition de tableaux, statues et objets d'art au profit de l'Œuvre des orphelins d'Alsace-Lorraine, 1885 (n° 52). — Cf. le portrait (peint en 1654) d'une religieuse décédée en 1661, à l'âge de soixante-neuf ans, qui se voit au Musée de Guéret, n° 42 (Catalogue de 1889). — M. le comte de Rougé est également possesseur d'un portrait d'Angélique Arnauld par le même artiste.

[9] N° 43 (Catalogue de 1882).

sévère duc de Roannais, l'ami de Pascal, que naguère encore on
pouvait voir dans les galeries de M. G. Rothan [1].

Toute cette peinture est sobre et solide, sérieuse et fervente.
C'était, comme on l'a dit, le seul luxe d'art que se permissent les
religieuses de Port-Royal. La musique, bien que le plus angélique
des Arts, était négligée chez elles et absente; il n'y avait pas d'or-
gues dans leur église, pas de fleurs sur leurs autels. La peinture
de Philippe de Champaigne faisait exception et semblait au monas-
tère comme une décoration domestique et naturelle. Elle était en
parfaite harmonie avec le ton et l'esprit du lieu [2].

*
* *

Est-ce à dire cependant que Philippe de Champaigne ait entière-
ment consacré son pinceau à la représentation des personnages de
l'entourage de Port-Royal et des familiers du grand Arnauld? Il
suffit de jeter un coup d'œil sur ses toiles du Musée du Louvre et du
Musée de Bruxelles pour avoir une réponse immédiate. Quoiqu'il
préférât de beaucoup mettre son talent au service de la religion et
qu'il éprouvât un vif plaisir à reproduire les traits des ecclésiastiques, il ne refusa jamais ses services aux personnages de la cour
et prêta volontiers son concours aux cérémonies dont le Roi désirait
conserver le souvenir.

Quoique nous ne nous soyons pas donné pour mission de dresser
ici un inventaire général des œuvres de Philippe de Champaigne,
— notre but était tout autre, — nous avons pensé qu'il ne serait
pas sans intérêt de compléter sur quelques points les trop courtes
notices consacrées à cet illustre artiste par Guillet de Saint-Georges [3],

[1] Ces trois toiles sont signalées dans l'*Explication des ouvrages de peinture
exposés au profit de la colonisation de l'Algérie par les Alsaciens-Lorrains*,
avril 1874, n°ˢ 49 et 53. Elles ont été reproduites en photographie par la maison
A. Braun, de Dornach (Alsace).

[2] M. A. Gazier avait annoncé, il y a quelques années, la publication, dans le
journal *l'Art*, d'une correspondance entre Philippe de Champaigne et quelques-
uns des habitués de Port-Royal. Nous souhaitons la prompte réalisation de ce
projet (qui, à notre connaissance, n'a pas encore été mis à exécution), car ces
lettres ne peuvent manquer de jeter une nouvelle lumière sur les relations et les
habitudes de notre peintre.

[3] *Mémoires inédits sur la vie et les ouvrages des membres de l'Académie*,
t. I (Paris, 1854, in-8°), p. 242.

H. Bouchitté [1] et par Bellier de la Chavignerie [2]. *Nous espérons tracer ainsi quelques jalons qui permettront à d'autres de se livrer à un attentif examen de ses œuvres dispersées et de discuter les attributions parfois fantaisistes que se permettent sur son compte les catalogues des collections publiques ou les collectionneurs peu scrupuleux.*

Philippe de Champaigne a fait le portrait de Louis XIII; si l'original n'existe plus, on le peut retrouver soit en gravure, soit en copie (au Musée du Prado, à Madrid [3], au château d'Eu, au château de Versailles et au château de Fontainebleau). Il a fait celui de la reine Marie de Médicis [4]. Il a représenté plusieurs fois le cardinal de Richelieu, d'abord vivant, dans tout l'éclat de son triomphe [5], puis mort sur son lit de parade [6]; plusieurs fois aussi le maréchal de Turenne [7].

[1] *Notice sur la vie et les ouvrages de Philippe de Champaigne* (*Mémoires de la Société des sciences morales, lettres et arts de Seine-et-Oise*, t. IV, 1856).

[2] *Dictionnaire général des artistes de l'École française*, t. I (Paris, 1882, in-4°), p. 222-224.

[3] N° 1977 (Catalogue de 1889) de l'ancienne collection de Philippe V.

[4] Appartient à M. le marquis de Biencourt, au château d'Azay-le-Rideau (Indre-et-Loire).

[5] Collection du duc d'Aumale, à Chantilly (exposé dans les galeries des portraits nationaux, à l'Exposition universelle de 1878, n° 187). — Voir aussi une toile du Musée de Rouen, léguée par M. His de Butenval en 1883 (n° 635, Catalogue de 1890). — La National Gallery, à Londres, possède depuis 1869 un très beau portrait du même. — Peut-être est-ce un quatrième portrait du grand ministre dont il est question dans la lettre autographe que nous avons trouvée aux Archives nationales (AA. 13, n° 601) : « Paris, décembre 1821. Monsieur le Duc, le Roi « ayant appris qu'un beau portrait du cardinal de Richelieu par Philippe de « Champagne était à vendre, a pensé qu'il vous serait agréable de le posséder. « Sa Majesté m'a ordonné en conséquence d'en faire l'acquisition et de l'offrir en « son nom à Votre Excellence. Je me félicite, Monsieur le Duc, d'avoir été chargé « par le Roi d'une semblable commission, et je prie Votre Excellence d'agréer, « avec l'assurance de tout l'empressement que j'ai mis à exécuter les ordres de « Sa Majesté, celle de la haute considération avec laquelle j'ai l'honneur d'être, « Monsieur le Duc, de Votre Excellence, le très humble et très obéissant servi-« teur. Le ministre secrétaire d'État de la maison du Roi : Marquis DE LAURISTON. » A cette missive est jointe la minute de la lettre de remerciement qu'écrivit le duc de Richelieu, à la date du 10 décembre 1821.

[6] Nous en connaissons deux exemplaires : l'un exposé en même temps que le précédent (n° 188) et appartenant à M. Ch. Read, à Paris; l'autre légué par M. Escallier au Musée de Douai (n° 67).

[7] Nous le trouvons au Musée de Chartres (n° 17), à la Pinacothèque de Munich (n° 1340) et au Musée de Besançon (n° 65) : cette dernière toile le représente à l'âge de cinquante-sept ans, en 1668.

On considère comme sortis de son pinceau un très remarquable portrait d'Henriette d'Angleterre et de sa fille [1]; les portraits de Colbert [2], de Fouquet [3], de Corneille [4], du maréchal de l'Hôpital [5]. Nous lui devons un portrait du célèbre amateur d'art Eberhard Jabach, s'il faut en croire le catalogue du Musée Wallraf-Richartz, à Cologne [6]; celui du duc de Nemours, Gaston de Foix [7]; celui d'un conseiller à la Cour des comptes de son temps [8]; celui de la comtesse Diane de Crussol, qui fait partie des collections de M. Opigez [9]; celui de Claude de Bullion, qui se trouve au château de Dampierre, chez Mme la duchesse de Luynes ; celui de Jean-Antoine de Mesme, président à mortier au Parlement de Paris [10], qui fut peint en 1653.

Parmi les ecclésiastiques, nous remarquons les portraits du cardinal de Bérulle [11]; du cardinal Ant. Barberini, archevêque de Reims (1664), qui a été acquis par le Musée de Reims [12]; d'un évêque qui n'a pu encore être identifié, dans les galeries du Musée de Bâle [13]; de saint François de Sales [14]; de saint Vincent de Paul [15];

---

[1] Il fait partie de la collection Duboulay et a été exposé en avril 1874, au profit des Alsaciens-Lorrains (n° 47).

[2] Portrait signé et représentant l'homme d'État à l'âge de trente-deux ans; il provient de la collection d'Harcourt et appartient aujourd'hui à M. Édouard André, à Paris.

[3] Propriété de M. Paul Puget, à Paris. (Cf. Galerie des Portraits nationaux à l'Exposition de 1878, n° 199.) Un autre portrait de Fouquet par Philippe de Champaigne se remarque au Musée de Nîmes (n° 207).

[4] Cette toile est signalée dans le Catalogue de la même Exposition (n° 277) comme appartenant au Musée de Rouen, mais le tout récent Catalogue de cette collection n'en fait point mention. — Il a été reproduit dans le *Livre*, 1882, avec notice de M. Jules Adeline, p. 1-4.

[5] Miniature sur cuivre, datée de 1632, et possédée par M. Ch.-Aug. Pinel, à Paris. (Cf. Galerie des Portraits nationaux à l'Exposition universelle de 1878, n° 918.) — Une autre *miniature sur cuivre, également due à Philippe de Champaigne*, représente la femme du maréchal de l'Hôpital, Charlotte des Essarts, qui avait été la maîtresse de Henri IV (appartient à M. Pinel).

[6] N° 901 (Catalogue de 1888).

[7] Musée de Versailles, n° 3105.

[8] Musée de Besançon, n° 67 (Catalogue de 1886).

[9] Exposé à la Galerie des Portraits nationaux à l'Exposition universelle de 1878, n° 179.

[10] Musée du Louvre, collection La Caze, n° 51.

[11] D'après une attribution du Catalogue du Musée de Niort (n° 7).

[12] École française, n° 40 (Catalogue de 1881).

[13] N° 231 (Catalogue de 1883).

[14] Il est étendu sur son lit de mort. Cette toile appartient à l'église Saint-Leu, à Paris.

[15] Propriété du couvent des religieuses de Saint-Vincent de Paul, à Lyon.

de Bourdaloue[1]; d'un latiniste, l'abbé P. Danet[2]; d'un maître des cérémonies du chapitre d'Anvers, Jacques Govaerts, représenté en 1665 à l'âge de vingt-neuf ans[3]; de Mlle de Richelieu[4], abbesse en 1674; enfin de deux religieuses inconnues[5].

Signalons encore le portrait du célèbre imprimeur Antoine Vitré[6]; du célèbre Jésuite, le Père Le Moyne[7]; de M. Clabat de la Maison-Neuve, maire de Poitiers en 1655[8]; des frères Anguier[9]; du prince Honoré II de Monaco[10]; de M. de Sève, prévôt des marchands de Paris, son protecteur, avec la date de 1648 sur la toile[11]; de Catherine-Henriette d'Angennes, comtesse d'Olonnes[12]; des enfants de la famille de Montmort[13]; de l'architecte Jacques Lemercier[14]; de madame de Monconis, morte en 1664, bienfaitrice de l'hôpital de Chalon-sur-Saône[15].

Après la mention d'un tableau figurant un religieux du couvent

---

[1] La *Notice historique et analytique des peintures, sculptures, tapisseries, etc.*, *exposés dans les galeries des Portraits nationaux au Palais du Trocadéro*, par M. Henry Jouin (n° 243), l'a enregistré avec l'attribution fournie par son propriétaire, M. P. Hastier.

[2] Voir la même *Notice* (n° 255). Cette toile appartient aux héritiers de Ferdinand Denis.

[3] Musée de la Haye, n° 201 (Catalogue de 1888).

[4] Musée de Quimper, n° 247 (Catalogue de 1873).

[5] Collection Rob. de Pourtalès (Exposition des Alsaciens-Lorrains, avril 1874, n° 51). — Collection du docteur Solaville (sur cuivre); Exposition rétrospective de Poitiers, 1887, n° 689.

[6] Reproduit dans l'*Histoire du portrait en France*, par R. Pinset et J. d'Auriac (Paris, 1884, in-8°), p. 67.

[7] Reproduit dans *Le Père Le Moyne*, par H. Chérot, S. J. (Paris, 1887, in-8°), en tête du volume.

[8] Exposition rétrospective poitevine, 1887, n° 700. — Cf. M. Tornézv, *la Peinture ancienne à l'Exposition artistique de Poitiers en 1887* (Poitiers, 1888, in-8°), p. 57.

[9] Exposés au Salon de 1673, mais inconnus aujourd'hui. Cf. H. Stein, *les Frères Anguier* (Paris, 1889, in-8°).

[10] Peint à Paris en 1651, aujourd'hui au palais de Monaco. Cf. G. Saige, *les Beaux-Arts au palais de Monaco avant la Révolution : I. Les princes et le palais depuis le seizième siècle* (Monaco, 1884, in-16), p. 33.

[11] Exposition des arts rétrospectifs de Pau (1891), n° 119.

[12] Propriété de Mme la comtesse Duchâtel.

[13] Propriété du prince Rusticelli.

[14] Musée de Versailles, n° 3404.

[15] *Inventaire des richesses d'art de la France, Province, Monuments civils*, t. II, p. 54.

de Saint-Jean de Dieu qui fait l'opération du trépan [1], je ne vois plus guère à signaler que des portraits d'hommes ou de femmes inconnus; et la liste en est assez longue. Ici un vieillard [2], là un magistrat [3] ou un homme en habit noir [4], un blond [5] ou un brun [6], un autre peint sur cuivre [7], une femme âgée [8] ou une plus jeune [9], ou encore deux personnages peints la même année (1654), qui paraissent être le mari et la femme, au Musée de Budapest [10].

Le *Vœu de Louis XIII* [11], la *Réception du duc Henri de Longueville de l'Ordre du Saint-Esprit* [12], la *Réception de Monsieur, duc d'Anjou, comme chevalier du même Ordre* [13], sont autant d'œuvres de bon style qui lui avaient été commandées par la Cour; le tableau qui représente le *Prévôt des marchands et les échevins de la ville de Paris* [14], fait jadis pour l'Hôtel de ville, est aujourd'hui au Louvre; de même que les travaux exécutés par ses soins aux Carmélites de Paris [15], à l'église Saint-Gervais, au Val-de-Grâce, à l'église de la Sorbonne, au Luxembourg [16], dans maint autre endroit

[1] Musée de Montauban, n° 9 (Catalogue de 1885).

[2] Musée de Besançon, n° 66.

[3] Musée de Mirande, n° 14.

[4] Galerie des Offices, à Florence, n° 695 (Catalogue de 1886); Musée de Liège, n° 20.

[5] Musée grand-ducal de Darmstadt, n° 337 (Catalogue de 1885), sur bois. — Autre au Musée d'Avignon, n° 368 (Catalogue de 1880).

[6] Pinacothèque de Turin, n° 443 (Catalogue de 1884), sur toile.

[7] Musée d'Angers, n° 284 (Catalogue de 1881).

[8] Musée de Nantes, n° 377 (Catalogue de 1876).

[9] Musée de Pau, n° 16 (Catalogue de 1881).

[10] N°s 727 et 735 (Catalogue de 1888). — Le Musée de Valenciennes possède (n° 44) le portrait d'un seigneur mort, et on nous signale chez M. Gival, à Perpignan, un très beau portrait anonyme de Ph. de Champaigne.

[11] Musée de Caen, n° 98.

[12] Musée de Toulouse, n° 149. — Une répétition du même tableau se trouvait au château de Pont-sur-Seine et appartient actuellement au Musée de Troyes, n° 34.

[13] Musée de Grenoble, n° 87. Ce tableau fut peint en 1655.

[14] Musée du Louvre, collection La Caze, n° 50.

[15] Voir le devis des peintures faites par Philippe de Champaigne pour les Carmélites, publié par Paul Lacroix (*Revue universelle des Arts*, 1855, p. 134).

[16] Dans la chambre de la Reine, *Jésus-Christ au tombeau*, figures de nature, ayant 10 pieds 5 pouces de haut sur 6 pieds 1|2 de large, cintrée du haut; — dans le Cabinet des Muses, *Minerve* debout, tenant un bouclier où sont les armes de France et de Médicis, et de la main sa pique, ayant 6 pieds 3 pouces de haut sur 2 pieds 10 pouces de large. (Archives nationales, O¹ 1970, p. 441.)

de la capitale [1], se trouvent aujourd'hui dispersés çà et là [2] ; le *Christ*, qu'il peignit en 1655 et qu'il légua aux Chartreux en mourant, fait à présent l'ornement du Musée de Grenoble [3].

Mais nous n'en finirions pas si nous voulions encore énumérer toutes les œuvres religieuses dues au pinceau de notre artiste [4]. Qu'il nous suffise de mentionner la *Présentation de Jésus au Temple*, sujet qu'il a peint deux fois [5] ; *Jésus au milieu des docteurs* [6], toile signée et datée de 1663 ; l'*Adoration des bergers* [7] et l'*Adoration des mages* [8] ; *Sainte Anne apprenant à lire à la Vierge* [9] ; l'*Assomption*, plusieurs fois reproduite [10], de même que l'*Annonciation* [11] ; *Moïse présentant les tables de la loi* [12] ; les *Aveugles de Jéricho* [13] ; le *Christ priant dans le jardin de Gethsémani* [14] ; le *Bon Pasteur*, sujet traité également plusieurs fois [15] ; la *Madeleine pénitente* [16] ; le *Souper à Emmaüs* [17] ; la *Samari-*

[1] Voir, indépendamment de Guillet de Saint-Georges, les *Comptes des bâtiments du Roi,* publiés par M. Jules Guiffrey.

[2] Notamment aux Musées de Bruxelles, de Lyon, de Bordeaux, de Tours, de Grenoble.

[3] N° 88 (Catalogue de 1878). Il s'en trouve un autre fort beau dans l'une des salles du Palais de justice de Rouen.

[4] Dans les Catalogues de l'œuvre des graveurs Jean Morin, F. de Poilly, Lasne, Nanteuil et autres, on trouvera encore beaucoup de tableaux de l'artiste que nous n'avons pu mentionner.

[5] L'une des toiles orne le Musée de Dijon, n° 104 (Catalogue de 1883) ; l'autre appartient aux hospices de Saumur et a figuré à l'Exposition rétrospective de Tours, en juin 1890, n° 43.

[6] Musée d'Angers, n° 363 (Catalogue de 1881).

[7] Musée d'Épinal, n° 24 (Catalogue de 1880), provenant des collections Salm.

[8] Musée du Mans, n° 62 (Catalogue de 1870). — Une copie se trouve à la cathédrale de Meaux (Cf. *Réunion des Sociétés des Beaux-Arts des départements,* 12e session, 1888, p. 133.)

[9] Musée de Madrid, n° 1976 (Catalogue de 1889).

[10] Musée de Marseille, n° 364 (Catalogue de 1885) ; Musée de Grenoble, n° 86 (Catalogue de 1878) ; Musée d'Alençon, n° 2 ; Musée de Cherbourg, n° 43.

[11] Musée de Toulouse, n° 148 ; Musée de Caen, n° 99 ; Musée de Lille, n° 111. — Le Musée de Toulouse renferme quelques autres tableaux religieux de notre peintre.

[12] Cette toile était, en 1860, la propriété de Mme A. Cornet, à Amiens, et prêtée par elle à l'Exposition provinciale organisée cette année-là par la Société des Antiquaires de Picardie (n° 170).

[13] Collection du duc de Galliera. Tableau exposé au profit des Alsaciens-Lorrains, en avril 1874 (n° 43).

[14] Musée de Darmstadt, n° 336 (Catalogue de 1885).

[15] Musée de Lille, n° 113 ; Musée de Tours, n° 38.

[16] Musée de Rennes, n° 81 (Catalogue de 1884).

[17] Musée de Nantes, n° 378 (Catalogue de 1876) ; Musée d'Angers, n° 364 (Catalogue de 1881).

taine[1] ; un *Concert d'anges*[2] ; une *Madone*[3] ; un *Ecce homo*[4] ;
un *Saint Pierre appelé par Jésus-Christ au bord de la mer*[5] ;
Démocrite ou Jean qui rit et *Héraclite ou Jean qui pleure*[6] ;
une *Tête du jeune Tobie*[7].

Et en parcourant les églises de Paris, des environs et de la province, en dépouillant les volumes déjà publiés de l'*Inventaire des Richesses d'art de la France,* on ajouterait singulièrement à ce premier essai de nomenclature que nous venons de dresser. Dans l'église de La Couture, au Mans, on conserve une toile intéressante de Philippe de Champaigne représentant le *Sommeil d'Élie ;* dans l'église de Courpalay, près Mormant, un Christ donné par la famille Lafayette lui est attribué[8] ; dans la cathédrale de Rouen, on admire une *Nativité*[9], qui fut livrée en 1644; dans la chapelle de l'hôpital général d'Orléans, on remarque de cet artiste un *Baptéme de Jésus-Christ,* qui proviendrait du château de Richelieu ; dans l'église de Saint-Maurice de Valgaudemar (Hautes-Alpes), existe une *Assomption,* parfaitement authentique, peinte vers 1660, pour la chartreuse voisine de Durbon[10].

Parmi les dessins, nous signalerons les plus connus[11] : *l'Enfant Jésus assis avec la tête de la Vierge*, étude au crayon non signée[12] ; la *Sainte Cène,* et trois portraits[13] au Musée du Louvre ; une étude

[1] Musée de Caen, n° 100.

[2] Musée de Rouen, n° 96 (Catalogue de 1890).

[3] Musée de Metz, n° 181 (Catalogue de 1876).

[4] Musée de Nancy, n° 172 (Catalogue de 1883).

[5] *Catalogue de la Galerie royale des Offices* (édit. de 1886), n° 691.

[6] Tableaux formant pendants et faisant partie, jusqu'en 1885, des collections Van der Straelen-Moons-Van Lerius, à Anvers.

[7] Ville d'Orléans, exposition de peinture et d'objets d'art (septembre 1851), n° 124. Cette toile appartenait alors à M. Mestier.

[8] Doit provenir de l'abbaye voisine de Chaumes.

[9] Une autre *Nativité* se trouve au Musée de Narbonne (n° 41).

[10] Nous ne savons si vers 1642 Philippe de Champaigne se rendit à Provins comme simple parrain, ou s'il y résidait pour embellir de son art quelque église de la localité, mais on trouve sa signature sur les registres paroissiaux de Sainte-Croix de Provins. — On a *longtemps attribué à notre peintre une Guérison du paralytique* (3ᵐ,50 de haut sur 2ᵐ,20 de large) qui se trouve à l'Hôtel-Dieu de Pontoise, mais il a été récemment démontré que cette attribution n'avait rien de fondé.

[11] Photographiés par la maison A. Braun, de Dornach.

[12] Musée de Montpellier, n° 1151.

[13] Dessins de l'École française, nᵒˢ 483-486 et 1701 (dédicace d'une église).

d'enfant nu, dans les collections de Dresde; mais là surtout, nous sommes forcés d'avouer notre ignorance, les collections même publiques de dessins étant rarement connues, appréciées et cataloguées comme elles le méritent.

Il peut paraître étonnant que des Musées de premier ordre, tels que ceux de Vienne, de Berlin, d'Amsterdam, d'Anvers, ne possèdent aucune œuvre de ce peintre; d'ailleurs, quelques-uns de nos Musées de France les plus riches sont à cet égard d'une pauvreté regrettable. Il ne faut plus compter désormais que sur les dons des collectionneurs pour augmenter les richesses des collections publiques, et sur les expositions rétrospectives pour faire surgir des galeries particulières les œuvres d'art encore peu connues.

PARIS. TYPOGRAPHIE DE E. PLON, NOURRIT ET Cie, RUE GARANCIÈRE, 8.

www.ingramcontent.com/pod-product-compliance
Ingram Content Group UK Ltd.
Pitfield, Milton Keynes, MK11 3LW, UK
UKHW010916160726
13695UKWH00007B/2599